ख्यालों का सफर

(काव्य संग्रह)

हिमांशु कुमार

TANEESHA
PUBLISHING

ISBN : 9788199146778
Edition : First, September 2025
Title : Khayalon Ka Safar
Author : Himanshu Kumar

Published by

TANEESHA PUBLISHING

An Imprint of **Taneesha and Prachi NextGen Publication**

Registered Office: Sunil Complex, 2nd Floor, Vijay Nagar,
Western Kutchery Road, Meerut - 250002, Uttar Pradesh, India
Contact : help@taneeshapublishing.com, +91-8057812712
Website : www.taneeshapublishing.com

Printed by :
Manipal Technologies Limited, Bengaluru - 560001, Karnataka

ख्यालों का सफर

खेल, कहर और जीत

जोखिम भरा, खेल खेलकर ,
कितना सारा, कहर झेलकर ।
मंजिल को वो पार किया है ,
सात समुंदर, लहर तैरकर ।

चीराग़ जला था आंधी में ,
चीराग़ जला था पानी में ,
कैसे वो अंधेरा देखता ।
चीराग़ जला था कहानी में ,
आस्तीनों का नहर देखकर ।
उसमें उसका जहर फेंककर ,
मंजिल को वो पार किया है ,
सात समुंदर, लहर तैरकर ।

गले लगाया अंगारों ने ,
साथ निभाया छालों ने ,
कांटो ने भी पैर चूमे थे ।
जीना सिखाया नशादों ने ,
मैदानों में, गदर छेड़कर ,

जीत गया वो शहर फेरकर ,
मंजिल को वो पार किया है ,
सात समुंदर, लहर तैरकर।

जोखिम भरा, खेल खेलकर ,
कितना सारा, कहर झेलकर।
मंजिल को वो पार किया है ,
सात समुंदर, लहर तैरकर।

आशा नहीं, निराशा हूँ मैं

आशा नहीं, निराशा हूँ मैं ,
टूटे सपनों की भाषा हूँ मैं।

बिखरे अरमानों की परछाई ,
सिसक रही एक गहरी तन्हाई।
उजड़े उपवन की मुरझाई कलियाँ ,
बिन सावन की प्यासी गलियाँ।

सूरज उगे तो जल जाता हूँ ,
चाँद खिले तो ढल जाता हूँ।
सपनों की दुनिया बसती नहीं ,
हर खुशी मुझसे बचती नहीं।

कोई राह नहीं, कोई मंज़िल नहीं ,
बस अंधेरों का काला साहिल ही सही।
कोई उम्मीद नहीं, कोई चाहत नहीं ,
बस टूटे दिल की एक आहट सही।

आशा नहीं, निराशा हूँ मैं ,
टूटे सपनों की भाषा हूँ मैं।

रिश्ते-नाते क्यों बदले

रिश्ते-नाते क्यों बदले ,
अपनों के चेहरे क्यों बदले ?
जो थे कभी साथ हमारे ,
आज वो रास्ते क्यों बदले ?

कल जो हँसकर गले मिले थे ,
आज नजरें फेर चले थे।
वक़्त की आँधी ऐसी चली ,
अपनों के भी साये ढल गए।

माँगते थे जो दुआओं में हमें ,
आज नाम तक लेने से कतराते हैं।
जो बाँटते थे खुशियाँ संग हमारे ,
आज ग़ैरों से भी दूरी निभाते हैं।

क्या यही था अपनापन ?
क्या यही था वो बंधन ?
जो रिश्ते थे दिल से जुड़े ,
आज रह गए बस नाम के साये।

वक़्त के साथ सब बदल जाता है ,

सच्चा कौन है, यह दिख जाता है ।

रिश्ते-नाते जब स्वार्थ से बंधते हैं ,

तो वक़्त की आँधी में बिखर जाते हैं ।

ना ख़ुश हूँ, ना उदास हूँ

ना ख़ुश हूँ, ना उदास हूँ ,
बस ज़िन्दगी की तलाश हूँ।
कभी धूप हूँ, कभी छाँव हूँ ,
कभी ख़ुद से ही अनजान हूँ।

ख़्वाब बुनता हूँ हर घड़ी ,
फिर ख़ुद ही उनको तोड़ता हूँ।
कभी गिर के फिर संभलता हूँ ,
कभी ख़ामोशी ओढ़ता हूँ।

ना शिकवा है, ना गिला कोई ,
बस वक़्त के साथ बहता हूँ।
कभी हँस लेता, कभी रो लेता ,
हर हाल में जीता रहता हूँ।

ना मंज़िल की फिक्र, ना रास्तों का डर ,
बस सफ़र का एक एहसास हूँ।
ना ख़ुश हूँ, ना उदास हूँ ,
बस ज़िन्दगी की तलाश हूँ।

पानी की पुकार

बूँद-बूँद को तरस रही है ,
धरती अब चिल्लाती है।
सूखे खेतों की चुप्पी में ,
किसान की आस मर जाती है।

कल-कल करता जो बहता था ,
अब वो पानी ठहरा है।
कभी समंदर, कभी नदियाँ ,
अब हर स्रोत ही गहरा है।

हर गली, हर गाँव कहे ,
पानी को अब बचाना है।
ना हो बर्बादी अब इसकी ,
हर बूँद को सहेजना है।

अगर नहीं तुम जागे अब ,
तो बादल भी रूठेंगे।
कल जिसके बिना जिंदा न थे ,
उसके लिए ही तरसेंगे।

चलो मिलकर प्रण करें ,
हर बूँद को हम संभालेंगे ।
सूखी नदियाँ फिर गाएंगी ,
धरती को फिर से पालेंगे ।

कमरा लेकर रहने वालों की ज़िंदगी

छोड़ आया अपना आशियाना ,
अब यह कमरा ही मेरा ठिकाना।
चार दीवारें, छत सिर पर ,
पर लगता हूँ मैं भी अनजाना।

न कोई अपना, न कोई सहारा ,
हर मुश्किल का खुद हूँ किनारा।
खाना खुद बनाना पड़ता ,
बीमारी में खुद संभलना पड़ता।

कभी अकेलापन काटता है ,
तो कभी शांति सुकून दे जाती।
पर घर की वो मीठी बातें ,
रोज़ रातों में यादें बन जाती।

कमरे की रौशनी में सपने हैं ,
संघर्ष से रास्ते अपने हैं।
आज अगर मेहनत कर लूँ ,
तो कल ये दिन भी अपने हैं।

पापा और बेटा

पापा के सपनों की उड़ान हूँ मैं ,
उनके हर अरमान की जान हूँ मैं ।
मेरी मुस्कान में उनकी खुशी बसी ,
मेरी जीत में है उनकी हंसी ।

संघर्ष की राहें उन्होंने दिखाईं ,
हर ठोकर से लड़ना सिखाई ।
गिरा जब भी, सहारा दिया ,
सही राह पर चलना बताया ।

पापा और उनका बेटा हिमांशु ,
जैसे दरिया और उसकी बाहें खुशबू ।
पापा की मेहनत का हूँ मैं नतीजा ,
उनकी दुआओं से मिला है हर सजीव सा ।

चाहे जितना भी बड़ा हो जाऊं ,
उनके बिना अधूरा सा रह जाऊं ।
सिर्फ एक ही दुआ हर घड़ी ,
पापा रहें सदा मेरी जिंदगी ।

माँ और बेटा

माँ की ममता, चाँद की चाँदनी ,
बेटे के बिना लगे अधूरी कहानी।
हिमांशु जब गोद में आया ,
माँ ने दुनिया को भुलाया।

रातों को जगकर थपकी दी ,
हर आँसू पर मुस्कान लिखी।
छोटे-छोटे कदम बढ़ाए ,
माँ ने चलना सिखाए।

पहली किताब, पहला अक्षर ,
माँ ने सिखाए जीवन के रहस्य।
हर ठोकर से बचाए रखा ,
माँ का आँचल छाया सा ढका।

समय बदला, बेटा बड़ा हुआ ,
अपने सपनों में खो गया।
पर माँ की दुआएँ साथ रही ,
हर सफलता की वो शुरुआत बनी।

कभी भूले ना वो आँचल की छाँव ,
जिसने हर ग़म को किया हल्का-सा।
माँ की ममता का कर्ज़ है सिर पर ,
जिसे चुका न पाए हिमांशु उम्र भर।

प्यार और मोहब्बत

प्यार एक अहसास है, बहारों की तरह ,
दिल के बाग़ में खिलते गुलाबों की तरह।
मोहब्बत की खुशबू जब बहती है ,
हर दर्द को ये चुपके से कहती है।

नज़रें मिली तो दिल की धड़कन बढ़ी ,
एक लम्हे में सारी दुनिया सजी।
खामोश लब भी सब कह गए ,
इश्क़ की राहों में हम बह गए।

मोहब्बत में दर्द भी मीठा लगे ,
बिछड़ कर भी दिल सदा धड़के।
दूरी रहे तो तड़प बढ़ती जाए ,
इश्क़ का जादू कभी ना मिट पाए।

सच्चा प्यार वही, जो निभाया जाए ,
हर मुश्किल में भी जो साथ आए।
दौलत नहीं, शोहरत नहीं ,
मोहब्बत बस वफ़ा माँगती है सही।

खेल और जीवन

जीवन भी एक खेल है प्यारा ,
हर मोड़ पे इक नया इशारा।
कभी जीत तो कभी हार मिले ,
संघर्षों के बीच उपहार मिले।

मैदान में जैसे खिलाड़ी दौड़े ,
जीवन में भी चलते झटके-झोड़े।
धैर्य, हौसला जो दिखाए ,
वही सच्चा विजेता कहलाए।

हार से डरना, खेल नहीं ,
संघर्षों में रहना फेल नहीं।
गिरकर जो उठना सीख जाए ,
जीवन की बाज़ी जीत ही जाए।

संयम, नियम, अनुशासन प्यारे ,
जीवन और खेल के आधार हमारे।
मिले जो मंज़िल, अभिमान ना हो ,
हार के बाद भी अपमान ना हो।

खेल हमें सिखाता है जीना ,
संघर्षों में हँसकर बढ़ते जाना ।
जीवन भी तब ही सफल कहलाए ,
जब हम खेल की तरह इसे अपनाए ।

सपने

सपने आँखों में बसते हैं ,
हर दिन कुछ नया कहते हैं।
रंगों से इनकी पहचान नहीं ,
ये हौसलों से गढ़े रहते हैं।

कुछ सपने चुपके आते हैं ,
दिल की गहराइयों में समा जाते हैं।
कुछ जागते हुए भी दिखते हैं ,
हर पल हमें आज़माते हैं।

सपने सिर्फ सोने से नहीं पूरे होते ,
मेहनत की आग में तपते हैं।
जो चल पड़े उनकी राहों में ,
वो ही किस्मत बदलते हैं।

डर से कभी पीछे मत हटना ,
हर मुश्किल को पार करना।
सपनों की दुनिया बहुत बड़ी है ,
बस खुद पर ऐतबार करना।

परिवार

परिवार है खुशियों की बगिया,
जहाँ बसते हैं अपने सारे।
प्यार, भरोसे और अपनापन से,
सजते हैं रिश्तों के प्यारे तारे।

माँ की ममता, पिता का साया,
भाई-बहन का संग निराला।
हर दुख में संग खड़े रहते,
जैसे इक-दूजे का उजियाला।

साथ हो अपनों का जब तक,
हर मुश्किल आसान लगती है।
छोटी-छोटी खुशियों में भी,
जीवन की मुस्कान बसती है।

परिवार ही वो नींव होता है,
जहाँ संस्कार गढ़े जाते हैं।
मिलजुल कर हर राह चलें,
यही रिश्ते मजबूत बनाते हैं।

बदलती दुनिया

दुनिया हर पल करवट ले रही है,
समय की रफ़्तार सबको छू रही है।
कल जो सपना था, आज सच बन गया,
कल का सच भी, आज धुंधला सा रह गया।

बचपन की चौपाल अब ऑनलाइन क्लास है,
खेल का मैदान अब मोबाइल पास है।
जहाँ दोस्ती का मतलब था कंधे से कंधा,
अब 'फ्रेंड रिक्वेस्ट' ही है नया पंथा।

किताबों की खुशबू अब कम हो रही,
पीडीएफ़ में हर याद जम हो रही।
कागज़ की स्याही की जगह स्क्रीन चमकती,
पर आँखों में थकान भी साथ दमकती।

सोशल मीडिया पर मुस्कानें बंटती हैं,
लाइक्स और फॉलो में खुशियाँ गिनती हैं।
दिल की बातें अब इमोजी में ढलतीं,
रिश्तों की गहराई सतह पर ही चलतीं।

एआई ने दुनिया का नक्शा बदल दिया,
मशीनों ने इंसान का काम छीन लिया।
रोबोट अब कारख़ानों में खड़े हैं,
ड्रोन आसमान में पहरे दे रहे हैं।

चैटबॉट से बातें, मशीनों से दोस्ती,
पर दिल के जज़्बात कहाँ ढूँढे इंसान की।
कंप्यूटर की सोच तेज़ है बहुत,
पर इंसान का एहसास ही असली दौलत।

धरती की हालत भी बदतर हुई,
प्रकृति की पुकार अब मुखर हुई।
जंगल कटे, नदियाँ रो पड़ीं,
पिघलती बर्फ़ ने धरती डरा दी।

राजनीति भी रंग बदलती रोज़,
वादों का पिटारा, खोखले शब्दों का बोझ।
जनता भरोसा करती बार–बार,
पर कुर्सी की भूख रहती है बरक़रार।

माँ की गोदी में अब कहानियाँ नहीं,

टीवी–मोबाइल ने सब रस्में छीनीं।
बचपन की किलकारियाँ कैद हो गईं,
गेमिंग ऐप्स में हँसी खो गई।

धर्म और जाति की दीवारें ऊँची हैं,
इंसानियत की राहें छोटी–छोटी हैं।
मंदिर–मस्जिद के झगड़े बढ़े,
दिल से दिलों के रिश्ते घटे।

पर बदलाव में उम्मीद भी छिपी हुई है,
नई सोच से दुनिया थमी हुई है।
लड़कियाँ आगे बढ़ रही हैं बेख़ौफ़,
बंधन तोड़कर कर रही हैं अपना लफ़्ज़।

तकनीक ने दूरी मिटाई है,
ज्ञान को सब तक पहुँचाई है।
बीमारी का इलाज भी आसान हुआ,
अंतरिक्ष का सफ़र भी संभव हुआ।

अगर इंसानियत संग चले ये रफ़्तार,
तो दुनिया होगी रोशन हर बार।

जरूरी है संतुलन तकनीक और दिल का,
वरना सब कुछ बन जाएगा सिलसिला कृत्रिम सा।

बदलती दुनिया का यही संदेश है,
उम्मीद और प्रेम ही सच्चा विशेष है।
समय बदलेगा, हालात भी घूमेंगे,
पर इंसानियत से ही इंसान जीएंगे।

अकेलापन

भीड़ के बीच भी, दिल तन्हा रहता है,

साथ सब होते हैं, पर कोई अपना नहीं लगता है।

चेहरे हज़ार दिखते हैं, मुस्कान भी नकली-सी,

सन्नाटा बोल उठता है, दुनिया कितनी अनजानी-सी।

रात के अंधेरे में ख्वाब भी डराने लगते हैं,

यादों के ज़ख्म पुराने, फिर से सताने लगते हैं।

शोर बहुत है बाहर, मगर मन चुप रहता है,

दिल की गहराइयों में सागर सूखा-सा लगता है।

हंसी ओढ़ लेता हूँ, जैसे कोई नक़ाब हो,

अंदर का टूटना कोई समझे, ऐसा कहाँ हिसाब हो।

अकेलापन सिखाता है, ख़ुद से बातें करना,

टूटे अरमानों को, चुपचाप दिल में भरना।

कभी किताबों में ढूँढता हूँ अपना सहारा,

कभी खिड़की से देखता हूँ चाँद का नज़ारा।

लोग पूछते हैं, "क्या हुआ? तुम खामोश क्यों रहते हो?"
कैसे बताऊँ, दर्द छुपा है, जिसे शब्द भी कह नहीं पाते हो।

कभी लगता है ये अकेलापन भी एक दोस्त है,
हर राज़ जानता है, दिल की हर सोच है।

धीरे-धीरे सिखाता है सब्र का सफ़र,
अंधेरे से निकलकर ढूँढना अपना सवेर।

हाँ, तकलीफ़ देता है, पर मज़बूत भी बनाता है,
अकेलापन इंसान को ख़ुद से मिलवाता है।

चार लोग क्या कहेंगे

ज़िंदगी की राहों में सबसे बड़ा सवाल,
कदम बढ़ाओ तो पहले "चार लोग" का ख्याल।
नई सोच हो तो कहते – "ये तो पागलपन है",
चुप रहो तो बोलें – "ये कैसा अपनापन है?"
हँस दो खुलकर तो ताने कसेंगे,
ग़म छुपाओ तो भी बातें करेंगे।
अपने सपनों की उड़ान जब भरनी चाहो,
"चार लोग" आकर पर काटने लगते हैं।
तुम अच्छा करो तो जलन दिखाएँगे,
ग़लती करो तो मज़ाक बनाएँगे।
ये "चार लोग" कभी चेहरा नहीं दिखाते,
बस पीठ पीछे कहानियाँ सजाते।
पर सच ये है, दुनिया उनकी सोच पे नहीं चलती,
ज़िंदगी तुम्हारी है, खुशियाँ तुम्हारी बनती।
अगर सुनते रहे तो सपने सो जाएँगे,
अगर अनसुना करो तो सितारे छू आएँगे।
"चार लोग" तो हर मोड़ पे मिलेंगे,
पर हिम्मत वाले ही मंज़िल तक पहुँचेंगे।
तो सुनो, खुद को मत रोकना इनके डर से,

कदम बढ़ाओ, चाहे ताने पड़ें शहर से।

क्योंकि आख़िर में याद रखा जाएगा तुम्हारा काम,

"चार लोग" का नहीं होगा कोई नाम |

बदलता मौसम

कभी धूप तपा के जलाती है,
तो कभी बारिश छत टपकाती है।
गर्मी में AC भी हार मान जाए,
सड़क पर चप्पल तक पिघलती नज़र आए।

बरसात में छाता उड़ जाता है,
कपड़े भीग कर बोझ बन जाता है।
कभी बिजली चमके, कभी लाइट चली जाए,
नेटवर्क भी "No Service" दिखाए।

सर्दी में रजाई छोड़ना मुश्किल,
सुबह का अलार्म हो जाता है निष्फल।
कॉफी, चाय और मूँगफली का संग,
नींद में भी याद आए ऊन का रंग।

बसंत में दिल हो जाता रंगीन,
फूलों सा मन और मौसम हसीन।
कोयल की कूक और तितली का नाच,
लगता है जैसे हो जीवन में नयापन का आच।

मौसम भी इंसानों जैसा बदलता,

कभी हँसाता तो कभी रुलाता।

पर हर रंग में एक नई सीख छुपी है,

यही तो ज़िंदगी का असली संगीत है।

मेहनत की जीत

सपनों की सीढ़ियाँ चढ़नी आसान नहीं होतीं,
इनके पीछे अनगिनत कोशिशें छुपी होतीं।
मेहनत का पसीना जब ज़मीन पर गिरता है,
तभी भविष्य का पौधा मजबूत होकर खिलता है।

सुबह जल्दी उठकर जो दिन की शुरुआत करे,
मुश्किलों से भिड़कर जो थकान को मात करे।
वही इंसान बनाता है अपनी पहचान,
क्योंकि मेहनत से ही मिलती है सम्मान।

रास्ते में कांटे हज़ार मिलेंगे,
हार मानने वाले वहीं गिरेंगे।
जो धैर्य और साहस को साथी बनाता है,
वही मंज़िल तक पहुँच कर ताज पाता है।

मेहनत कभी बेकार नहीं जाती,
भले देर से सही, पर फल मिलती।
ईमानदारी से किया गया हर प्रयास,
आख़िरकार लाता है सफलता का अहसास।

लोग कहें किस्मत बड़ी चीज़ है यहाँ,
पर मेहनत करने वालों से हारती है जहाँ।
किस्मत दरवाज़ा खोल सकती है बस,
पर मेहनत ही बनाती है जीवन का रस।

पसीने की हर बूँद कीमती मोती है,
ये ही जीवन को चमकाती ज्योति है।
थकान भले शरीर को गिरा दे,
पर मेहनत इंसान को हीरा बना दे।

तो चलो ठान लो – हार कभी न मानेंगे,
हर मुश्किल से डटकर लड़ जाएंगे।
क्योंकि मेहनत की राह में जो डटे रहते हैं,
अंततः वही जीत के ताज सजाते हैं।

रिश्तों का असली प्यार

रिश्ते ही जीवन की पहचान होते हैं,
ये दिल के सबसे क़रीबी अरमान होते हैं।
ख़ून के हों या अपनापन से बने,
हर रिश्ते में भावनाओं के रंग तले।

माँ की डाँट में छुपा होता दुलार,
पिता के मौन में होता संसार।
भाई का झगड़ा भी एक सुरक्षा है,
बहन की ममता तो सबसे बड़ी कृपा है।

दोस्त भी रिश्ते से कम नहीं होते,
हँसी और आँसू दोनों में साथ होते।
कभी छेड़ते, कभी समझाते,
पर हर वक़्त हमें संभाल जाते।

पति-पत्नी का रिश्ता एक अजीब कहानी,
कभी लड़ाई तो कभी मोहब्बत सुहानी।
नोक-झोंक में भी छुपा होता विश्वास,
ये रिश्ता सच में होता ख़ास।

दादी-नानी की कहानियाँ सुनाती मिठास,
उनकी झुर्रियों में छुपा होता इतिहास।
दादा का प्यार और अनुशासन का संग,
हर रिश्ते से मिलता जीवन का रंग।

पर रिश्तों को भी चाहिये देखभाल,
सिर्फ़ नाम से नहीं चलता हाल।
सम्मान और समय देना पड़ता है,
तभी तो ये रिश्ता गहराई तक बढ़ता है।

रिश्ते ही जीवन का असली सहारा हैं,
ये दिल के सबसे बड़े इशारा हैं।
धन-दौलत सब छोड़कर चला जाएगा इंसान,
पर रिश्तों का प्यार ही रहेगा पहचान।

सपनों की ताक़त

सपने ही इंसान की उड़ान बताते हैं,
असंभव को संभव बनाते हैं।
ये आँखों की चमक, दिल की पुकार हैं,
जो अंधेरों में भी जगाते उजियार हैं।

सपनों के बिना जीवन अधूरा है,
ये तो जीने का असली नूरा है।
हर महान सफ़र की शुरुआत यहीं से होती,
हर सफलता की मंज़िल यहीं से रोती।

कभी छोटे सपने भी बड़े बदलाव लाते हैं,
कभी असंभव दिखते काम भी आसान बन जाते हैं।
गाँधी का स्वराज, टेस्ला की बिजली,
सब सपनों की ही थी चिंगारी।

पर सपनों के लिए त्याग भी चाहिए,
हौसलों का साथ और जाग भी चाहिए।
जो सपनों को नींद में ही छोड़ देते हैं,
वो मंज़िल तक कभी नहीं पहुँच पाते हैं।

सपनों की ताक़त उम्मीद जगाती है,
दिल के हर डर को मिटाती है।
ये थके कदमों को सहारा देती,
रुकते इंसान को दोबारा चलाती।

मंज़िल चाहे ऊँची हो या कठिन,
सपनों से ही बनते हैं रास्ते ग़ज़ब के महीन।
इनकी ताक़त ही इंसान को खास बनाती,
हर मुश्किल को चुनौती बताती।

तो सपनों को मत छोटा समझो कभी,
ये हैं तुम्हारी ज़िन्दगी की असली जमीं।
इन्हें जीना, इन्हें साकार करना,
यही जीवन का सबसे बड़ा सपना।

ज़िन्दगी का सफ़र

ज़िन्दगी का सफ़र किसी किताब जैसा होता है,
हर पन्ना नया, हर दिन ताज़ा होता है।
कभी हँसी की गूँज से भर जाता है दिल,
कभी आँसुओं का दरिया करता है हलचल।

राह में कांटे भी मिलते, फूल भी खिलते हैं,
कुछ पल सुकून के, कुछ दिल जलते हैं।
मंज़िल तक पहुँचना आसान नहीं होता,
रास्तों का हर मोड़ नया किस्सा होता।

कभी दोस्त साथ चलते, तो सफ़र सुहाना लगता,
कभी अकेलापन दिल को वीराना लगता।
हवा के झोंके जैसे दिशा बदलते हैं,
वैसे ही हालात इंसान को बदलते हैं।

ज़िन्दगी सिखाती है हर गिरावट से उठना,
अँधेरे से लड़कर उजाले को चुनना।
ये सफ़र कभी सीधा नहीं चलता,
हर मोड़ पर इम्तिहान हमें पल-पल परखता।

ख्वाहिशें हज़ार हैं, सपनों की भीड़ है,
हर मंज़िल पाने का दिल में पीर है।
पर धैर्य से चलो तो रास्ते बन जाते हैं,
मुश्किलों के पहाड़ भी रेत से ढल जाते हैं।

कभी बचपन की मासूमियत याद दिलाती है,
कभी जवानी की रफ़्तार तेज़ी से बढ़ाती है।
बुढ़ापा भी इस सफ़र का हिस्सा है,
जो हमें जीवन की सच्चाई समझाता है।

तो मत सोचो सफ़र लंबा है या छोटा,
हर लम्हे को जीना ही असली मोटा।
ज़िन्दगी सफ़र है, मंज़िल नहीं कोई,
ये चलती रहे तो मायने है कुछ होई।

पढ़ाई का हाल

किताबें कहतीं – “आओ हमें खोलो”,
नींद कहती – “पलकों को थोड़ा और रोलो।”
पढ़ाई की राहें बड़ी टेढ़ी-मेढ़ी,
दिल चाहे मोबाइल, दिमाग़ चाहे सेहरी।

टीचर बोले – “पढ़ोगे तो आगे बढ़ोगे”,
हम सोचे – “नींद में ही सपनों से जुड़ोगे।”
एग्ज़ाम का नाम आते ही हालत पतली,
याद आते हैं सारे दोस्त और गली-मोहल्ली।

नोट्स मिले तो ऐसे जैसे खज़ाना,
पर समझ में आए तो लगे अफ़साना।
कलम थक जाए, पन्ने भर जाएँ,
फिर भी सवाल नए-नए निकल आएँ।

लाइब्रेरी की कुर्सी बने तकिया,
कॉफी कप से बने जीवन का जुगाड़िया।
पढ़ाई के साथ ये मस्ती का मेल,
यही है कॉलेज-लाइफ़ का असली खेल।

इक़रार है – मेहनत करनी होगी,

वरना डिग्री अधूरी ही रह जाएगी।

पढ़ाई चाहे कितनी कठिन क्यों न हो,

मज़ाक-मस्ती से ही कटती है ये डगर दो।

हौसलों की उड़ान

मत रुकना तू मुश्किलों के आगे,
हौसलों के परिंदे आकाश को भागे।
कदम जो ठहरें तो सपने मिट जाएँ,
कदम जो बढ़ें तो मंज़िल मिल जाएँ।

तूफ़ानों ने कई बार डराया होगा,
आंधियों ने भी तेरा रास्ता रोका होगा।
पर जज़्बा अगर दिल में हो गहरा,
तो पहाड़ भी लगेगा जैसे रेत का पहरा।

गिरना कोई हार नहीं बताता,
गिरकर उठना इंसान कहलाता।
हर चोट तुझे मज़बूत बनाए,
हर आँसू तेरे हौसले बढ़ाए।

उम्मीद का दीप जलाए रख,
अँधेरों से मत तू घबराए रख।
जिसने ठान ली मंज़िल पाना,
उसे रोक न पाया है कोई ज़माना।

आसमान बड़ा है, पर छोटा नहीं,
हौसले वाले कभी खोता नहीं।
तेरे परिंदे उड़ान भरेंगे ज़रूर,
बस यक़ीन रख – यही है नूर।
कल की हार को मत सोच इतना,
आज की मेहनत से जीत बना।
हवा के साथ नहीं, हवा के ख़िलाफ़ चल,
तेरे पाँवों के नीचे होगा नया महल।

इतिहास उन्हीं ने लिख डाला,
जिन्होंने हर कठिनाई से नाता निभाया।
हौसलों की उड़ान जहाँ भर गई,
वहीं से नयी सभ्यता संवर गई।

ओ इंसान! तू अपने सपनों पे यक़ीन कर,
हर मंज़िल तेरे आगे सलाम करेगी।
हौसले से उड़ अगर तू आसमान में,
तो दुनिया तेरे कदमों में झुकेगी।

मोबाइल का नशा

सुबह उठते ही सबसे पहला काम,
मोबाइल उठाना जैसे हो धर्म का नाम।
नींद पूरी न हो तो चलता है,
पर मोबाइल न मिले तो दिल जलता है।

चाय ठंडी हो जाए, नाश्ता छूट जाए,
मोबाइल बिना एक पल न कट पाए।
नोटिफ़िकेशन का इंतज़ार बड़ा प्यारा,
बिना वजह भी स्क्रीन पर टकटकी हमारा।

क्लास में भी मोबाइल की घंटी बजे,
टीचर गुस्से से आँखें तरेरे।
पर दिल कहे – बस एक मैसेज देख लूँ,
फिर पढ़ाई पे ध्यान मैं ले लूँ।

बैटरी गिरे तो जान निकल जाए,
नेट धीमा हो तो साँसें रुक जाएँ।
चार्जिंग प्वाइंट पर लाइन लगाना,
जैसे कोई जीवन का सबसे बड़ा बहाना।

मोबाइल ने दुनिया करीब कर दी,
पर रिश्तों में दूरी गहरी कर दी।
चेहरे की मुस्कान इमोजी में बँध गई,
दोस्तियाँ भी चैटिंग में सिमट गई।
अरे इंसान! मोबाइल है जरुरत,
इसको मत बना ले अपनी आदत।
वक़्त निकाल किताबों से मिल,
दोस्तों से हँस, परिवार से खिल।

ज़िंदगी की असली खुशबू वहीं है,
जहाँ इंसानियत और अपनापन सही है।
मोबाइल को साथी बना, मालिक नहीं,
वरना ये नशा तेरा सच्चा जीवन कहीं।

दोस्ती का रंग

दोस्ती वो रिश्ता है जो ख़ून से नहीं बनता,
दिल से दिल तक जाने वाला बंधन कहलाता।
ना इसमें कोई लालच, ना कोई स्वार्थ,
बस हँसी-ठिठोली और प्यार की बात।

दोस्त वो आईना है जो सच्चाई दिखाए,
ग़लती हो तो डाँटे, मगर राह भी बतलाए।
ग़म हो तो हँसी में बदल दे पलभर में,
ख़ुशियाँ हो तो बाँट ले पूरे शहर में।

कभी किताबों के पन्नों में मिले,
कभी चाय की प्याली संग दिल से जुड़ें।
कभी कॉलेज की गलियों में आवाज़ लगाएँ,
कभी उदासी में कंधा बन जाएँ।

दोस्ती में न गिनती होती, न हिसाब,
सिर्फ़ एहसासों का होता है जवाब।
एक मज़ाक भी दिल में उतर जाता है,
एक मुस्कान सारा ग़म मिटा जाता है।

दोस्ती है तो सफ़र आसान हो जाता,
रास्ते का हर काँटा भी गुलाब बन जाता।
वक़्त चाहे जैसा भी करवट बदल ले,
दोस्तों के संग सब आसान निकल ले।

जन्मदिन की सरप्राइज़ से लेकर झगड़े तक,
कभी रूठना, कभी मनाना – सब अपने तक।
ना दूरी से कोई फर्क़ पड़ता है,
ना वक़्त से ये रिश्ता घटता है।

सच्चा दोस्त वही है जो गिरने न दे,
हौसलों का हाथ छोड़ने न दे।
जो तेरे दर्द को अपना बना ले,
और तेरी ख़ुशी में पहला गीत गा ले।

दोस्ती है ज़िंदगी का सबसे रंगीन उपहार,
हर धड़कन में छिपा है इसका प्यार।
जो इसे समझ ले, वो अमीर कहलाए,
दोस्ती का रंग कभी फीका न पड़ पाए।

बचपन की यादें

बचपन की गलियाँ कितनी प्यारी,
जहाँ खेल थी सुबह और सवारी।
मिट्टी की खुशबू संग बहती थी,
हँसी ठिठोली हर ओर रहती थी|

कंचों की खनक, लट्टू की चाल,
गिल्ली-डंडा था सबसे ख़ास।
हार-जीत में न ग़म न गुस्सा,
बस दोस्ती थी दिल का किस्सा।

बरसात आई तो नावें बनीं,
कीचड़ में गिरकर भी हँसी छनी।
पत्तों की छतरी सिर पे धरते,
बारिश संग सपनों में झरते।

माँ की डाँट भी कितनी मीठी,
पापा की छाँव सदा अटूट थी।
दादी सुनाती राजकुमार की गाथा,
नींद में खोते सपनों की परछाई।

स्कूल की घंटी बजते ही भागे,
बस्ता भारी मगर मन उछल भागे।
होमवर्क से ज़्यादा खेल सुहाता,
पढ़ाई में भी हँसी आ जाता।

गर्मी में आम की चोरी करते,
ठंडी छाँव में हँसते-गाते।
पतंग उड़ाते नीले गगन में,
सपनों को बाँधते हर डोर में।

शाम को चौपाल में मिलते,
नन्हे-नन्हे किस्से सब सुनते।
रात को चाँद संग बातें करते,
तारों के संग ख्वाब बुनते।

अब वो दिन बस याद दिलाते,
दिल को हँसाते, आँख भिगो जाते।
काश लौटे वो नादान ज़माना,
बचपन बने फिर से अफ़साना।

माँ की ममता

माँ की गोद से प्यारी कोई जगह नहीं,
वो आँसू पोछ दे तो ग़म रह नहीं।
उसकी मुस्कान में सुकून छुपा होता है,
उसकी दुआओं में पूरा जहान होता है।

जब बच्चा गिरता है, माँ सबसे पहले दौड़ती,
उसका दर्द अपने आँचल में समेटती।
खुद भूखी रहकर भी खिलाती निवाला,
ममता से भर देती जीवन का प्याला।

रातों की नींद वह बेटे के लिए त्यागती,
खुद थककर भी हिम्मत जगाती।
आँखों में चिंता और होठों पर दुआ,
माँ की हर बात में छुपा है वफा।

बचपन की कहानियाँ वही सुनाती है,
डर लगे तो सीने से लगाती है।
उसकी लोरी में जादू बस जाता है,
सपनों का जहान आँखों में खिल जाता है।

माँ कभी डाँटती है, कभी समझाती है,
गलतियों पर चुपचाप नजरें झुकाती है।
उसका गुस्सा भी प्रेम से भरा होता है,
हर शिकवा पल में धुंधला होता है।
समय बदले तो बेटा बड़ा हो जाता है,
पर माँ का दिल हमेशा बच्चा ही पाता है।
उसके लिए उम्र की कोई दूरी नहीं,
उसका आशीर्वाद जीवन से भारी कहीं।

माँ का रिश्ता ईश्वर का वरदान है,
उसके बिना जीवन सुनसान है।
जो माँ को सम्मान देना जान लेता है,
वो सच में इंसानियत को पहचान लेता है।

माँ की ममता का कोई मोल नहीं,
उसके बिना जीवन का कोई तोल नहीं।
माँ ही सबसे बड़ी दौलत है,
माँ ही हर सुख का असली स्रोत है।

संघर्ष की राह

संघर्ष की राह कभी आसान नहीं होती,
हर कदम पर मुश्किलों की घड़ी होती।
पसीने की बूँदें सपनों को सींचती हैं,
आँधियाँ रुकावट नहीं, मंज़िल को खींचती हैं।

जो गिरकर हर बार उठ खड़ा होता है,
उसी का नाम इतिहास में बड़ा होता है।
रात की काली चादर चाहे गहरी हो,
सुबह का सूरज रोशनी लेकर ठहरी हो।

संघर्ष इंसान को मजबूत बनाता है,
हर चोट दिल में साहस जगाता है।
कठिनाइयाँ इम्तिहान की तरह आती हैं,
पर हिम्मत वालों के आगे झुक जाती हैं।

सपनों की राह में काँटे भी बिछते हैं,
हौसले वाले ही इनसे गुज़रते हैं।
जो ठान ले मंज़िल को पाने की कसम,
उसका हर कदम बनता है संगम।

संघर्ष बिना सफलता अधूरी है,
ये जीवन की असली तस्वीर पूरी है।
जो दर्द सहना सीख लेता है,
वो ही असली जीत पाता है।

हार को स्वीकार कर भी जो आगे बढ़ता है,
वो ही इंसान असली योद्धा कहलाता है।
संघर्ष ही सोने को कुंदन बनाता है,
हर इंसान को पहचान दिलाता है।

तो मत डर इस राह की कठिनाई से,
मत घबराना मुश्किलों की परछाई से।
संघर्ष ही तेरे जीवन की असली परिभाषा है,
इसी में छिपा सफलता का भरोसा है।

आत्मनिर्भर

कदम-कदम पर कठिनाई मिलेगी,
पर हिम्मत से हर राह सिलेगी।
दूसरों के सहारे कब तक चलोगे,
एक दिन खुद अपने पंख से उड़ोगे।

आसमान बड़ा है, ज़मीन भी विस्तृत,
जो खुद पर भरोसा करे वही श्रेष्ठ।
मांगने से बेहतर है खुद बनाना,
गिरकर सँभलना और आगे बढ़ जाना।

आत्मनिर्भरता सिर्फ़ शब्द नहीं है,
ये हर इंसान का सबसे बड़ा गहना है।
जब खुद कमाओगे, खुद बनाओगे,
तभी असली सुख और मान पाओगे।

सपनों को सच करने का यही है आधार,
मांगने से नहीं, करने से बनता संसार।
किसी का सहारा जीवन भर कहाँ,
खुद की ताक़त ही सबसे बड़ी दुआ।
देश तभी आगे बढ़ सकता है,
जब हर नागरिक खड़ा हो सकता है।

अपने हुनर पर गर्व करे जो,
हर मुश्किल में डटकर लड़े जो।
छोटे-छोटे काम से होती है शुरुआत,
धीरे-धीरे मिलती है बड़ी सौगात।
कलम, हथौड़ा, खेत या कल कारखाना,
हर मेहनत से मिलता है अपना ठिकाना।

आत्मनिर्भर वही है, जो हार न माने,
हाथों की लकीरें खुद लिख डाले।
मुसीबत चाहे कितनी क्यों न हो,
खुद पे विश्वास हो तो जीत पक्की हो।

आत्मविश्वास हो तो पर्वत भी झुकते हैं,
मेहनत के आगे मुश्किलें भी रुकते हैं।
खुद पर भरोसा रखो, न हार का डर मानो,
आत्मनिर्भर बनकर ही जीवन को पहचानो।

तो उठो, जागो और खुद पे भरोसा करो,
हर कदम पर निडर होकर आगे बढ़ो।
सपनों को हक़ीक़त में ढालो,
आत्मनिर्भर बनकर दुनिया को दिखालो।